¡La Dona Rugidora!

Autores:
Joan Yordy Brasher
y Jackson Grant

Traducido del Inglés al Español por Angela Roa

Agradecimiento especial a Ellie Butler, Leticia Camacho, Fatima Djelmane, Brenda Escoto, Angélica Farias, Kiomara Gonzalez, Liz Aceves Herman, Aldan Hoyal, Gabriela Martinez, Alicia Perez, Mónica Solórzano y el departamento de Child Life en Childrens Hospital Los Ángeles.

Ilustraciones de Joan Yordy Brasher y Susana Pritchett
Diseño de libro de Donna Pritchett
ISBN 978-0-5782-9968-6

1

¿Has escuchado rugir
a una dona?

roar

¡Yo sí—
y muchas veces!

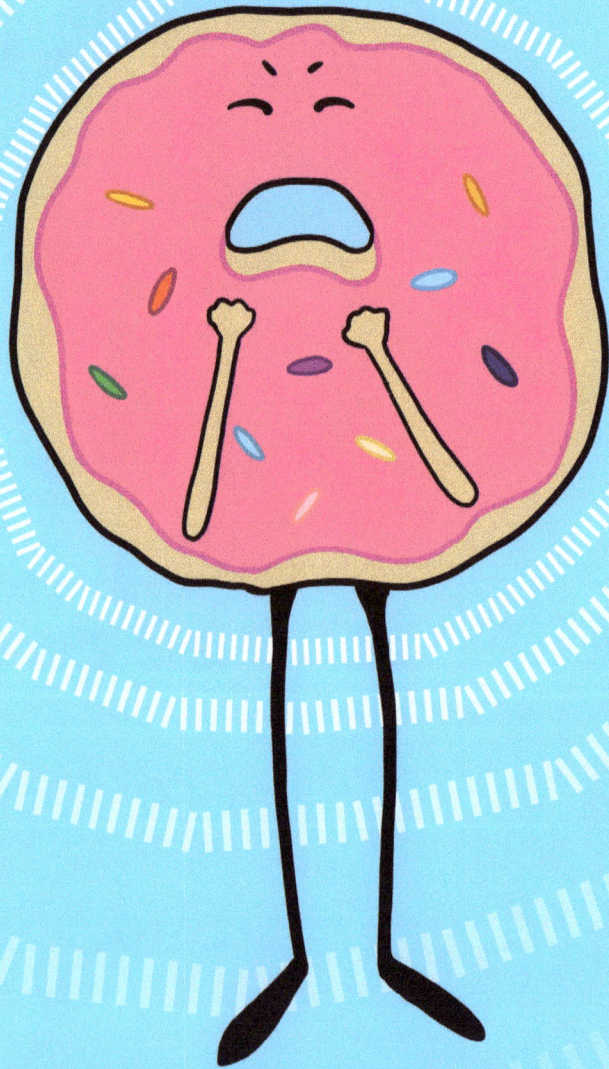

Te voy a contar mi historia,
para que tengas una
buena memoria.

Tengo un *jelly bean*
en mi cerebro,
y a veces
puede ser incómodo.

Así que los doctores toman
una fotografías del *jelly bean*

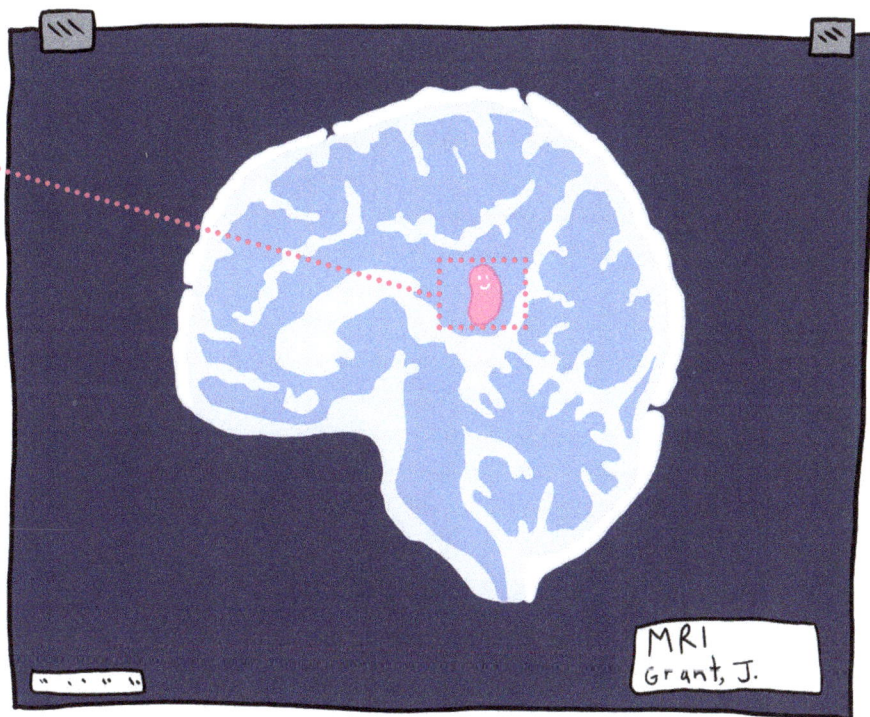

¡Usando una máquina en forma
de dona increíble grande
y muy ruidosa!

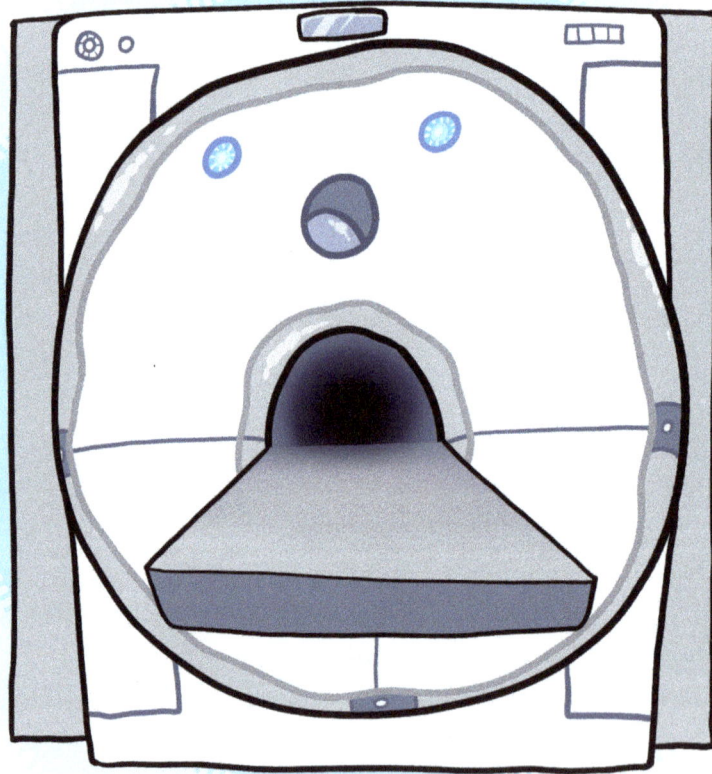

Al principio, me sentía muy nervioso.
¿Tú también te a sentirías así, no?
¡Pero luego, resultó ser algo fácil!
¡1-2-3 y ya!

Siempre me pongo
mis calcetines favoritos.
Y abrazo a mi ovejita de peluche.
¡Esto me ayuda mucho!

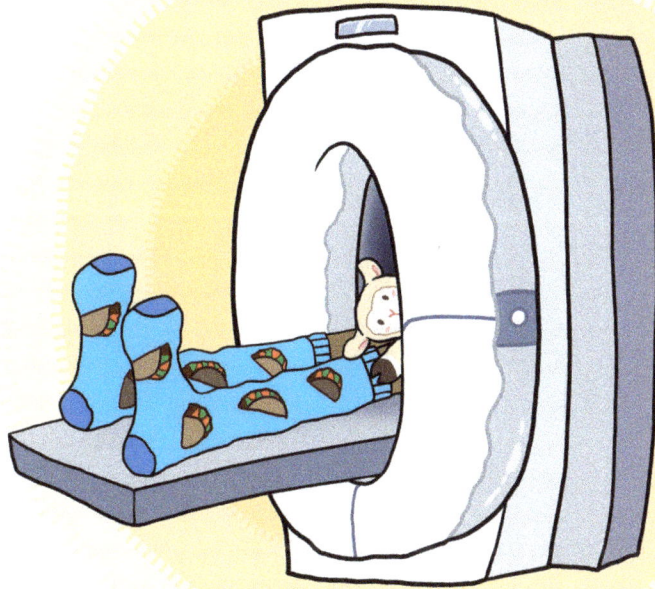

La dona no me duele ni un poquito,
y yo quepo perfectamente en ella.

Entonces, cuando ya estoy adentro,
la dona comienza a rugir
como siempre.

roarrrr

roarrrr

roarrrr

roarrrr

roarrrr

roarrrr

roarrr

roarrr

roarrr

roarrrr

Yo cierro los ojos,
y trato de no preocuparme

porque si me muevo
las fotos salieran

BORROSAS.

Para calmarme me repito en mi mente, "No me mueva."

Respira profundo.

Respira profundo.

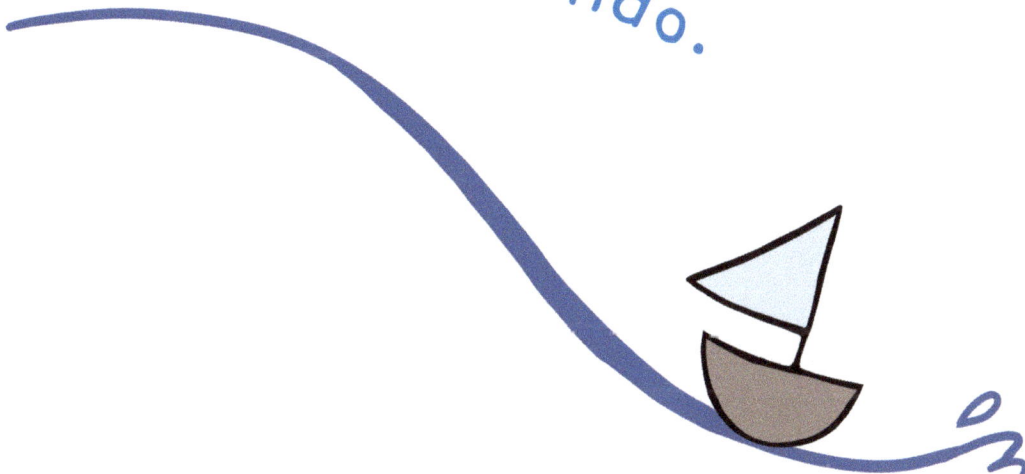

Respira profundo.

Respira profundo.

Cuando comienzo a sentirme
suuUUUper aburrido,

finalmente la dona
deja de rugir.

roarrrr roarrrr

roarrrr

roarrrr

roarrr

roarrr

roarrr

¡Lo hicimos!

¡Y ahora es tiempo
de celebrar!

Mi amiga, la
especialista de
Child Life,
me da cinco
¡y bailamos, llenos de felicidad!

Cada vez que visito a la dona,
me esperan mi mamá, mi papá,
mi hermano y mi tía.

Para celebrar cada MRI,
vamos todos juntos a
comer chili fries.

He visitado a la dona tantas veces que he perdido la cuenta.

¡Ahora, la dona y yo somos amigos!

¡Las fotos muestran
a los medicos
cómo cuidarme
de la mejor manera!

Entonces, si tú necesitas
visitar a la dona,
verás que no es tan malo
como parece.

Relájate, respira profundo
y haz lo mejor que puedas.

Y la dona hará el resto.

UNA CARTA DE JACKSON GRANT

Querido amigo/a,

Cuando yo tenía 10 años de edad me diagnosticaron un tumor benigno en el cerebro del tamaño de un jelly bean. Lo primero que tuve que hacer fue pasar un MRI (Imagen de la Resonancia Magnética) porque mis doctores necesitaban estar seguros de que mi cerebro estaba creciendo normalmente. Ese fue el primero de los muchos MRI que tuve que hacerme. Al comienzo, estaba muy nervioso porque no sabía exactamente qué esperar. La máquina del MRI es muy ruidosa así que decidí usar mi imaginación para inventar maneras de hacer de el MRI una experiencia menos estresante. Un día vi llegar a la sala de espera un niño muy asustado, junto a su mamá, y me di cuenta de que era su primer MRI. Me dio mucha tristeza y ganas de hacer algo que pudiera ayudar al niño con esta nueva experiencia. En ese tuve momento, comencé a imaginar un libro para ayudar a los niños de todos lugares a sentirse más tranquilos cuando tuvieran que pasar por la experiencia de un MRI. Mi tía Joan me ayudó a hacer este libro que esperamos te ayude a ti y a tu familia. Todavía necesito visitar la dona para las resonancias magnéticas, pero ya no tengo miedo. Es una pequeña parte de mi vida y no me impide hacer lo que me gusta. Juego fútbol, ando en bicicleta y juego baloncesto con mi hermano y mis amigos. También fuimos a Nueva Zelanda donde tuve la increíble oportunidad de hacer puenting, gracias a la organización *Make-A-Wish* Los Angeles. Seguramente, te diste cuenta que al final del libro hay dos páginas en blanco para que escribas tu experiencia personal con el MRI. Cuando supe que tenía un tumor en mi cerebro, comencé a escribir mi propio diario que me ayudó mucho a procesar y comprender mejor mis sentimientos. Espero que tú también escribas tus pensamientos y sentimientos, así como tus propias ideas y maneras para enfrentar mejor la experiencia del MRI. ¡Lo más importante es que, no olvides que no estás solo, y que eres mucho más fuerte de lo que puedes imaginar!

Jackson

Búscame en Instagram at @donutthatroared
y comparte tu historia de MRI conmigo.

JEAN, ISAIAH, JACKSON AND RUPERT

PREGUNTAS FRECUENTES

¿Qué es un escáner de Resonancia Magnética (MRI)?

Un escáner de Resonancia Magnética es una máquina enorme en forma de dona. Usa campos magnéticos de alta tecnología y ondas de radio para crear imágenes detalladas de partes internas de tu cuerpo.

¿Por qué es la máquina de MRI tan ruidosa?

Es muy científico. Para poder crear escaneos detallados, se pasan pulsos de electricidad rápidamente a lo largo de los resortes metálicos, lo cual causa esos ruidos que parecen rugidos y golpeteos. Esos ruidos pueden llegar hasta los 125 decibeles, el equivalente a un concierto de rock o a un globo cerca de tu oído! Es por eso que se provee protección para los oídos.

¿Cómo funciona eso de que te hagan un MRI?

Cuando llegas, es posible que te pidan escoger una película para ver mientras estás dentro del MRI. Te van a dar unos audífonos para proteger tus oídos y también un botón, el que vas a pulsar si necesitas hablar con el técnico mientras te hacen el escaneo. ¡Algunos niños dicen que se sienten como astronautas dentro de una nave espacial! Generalmente uno de tus papás puede quedar en la habitación contigo. Lo más importante es mantener la calma durante el MRI e ignorar todos los ruidos. Practicar en casa antes de tu cita, puede ser muy útil.

¿Va a doler?

No. ¡Un MRI no duele! Lo único que puede llegar a ser un poco molesto es cuando te tienen que inyectar material de contraste, lo cual ayuda a que las fotos sean más detalladas. Se siente un pellizco cuando te lo ponen. Pero la máquina en forma de dona no te va a doler.

¿Cuánto dura un MRI?

Cada uno es diferente. Algunos toman 10 minutos, otros pueden tomar una hora o más.

¿Puedo llevar mi peluche favorito?

Generalmente puedes meter contigo un peluche pequeño o una cobijita.

¿Qué hace una Especialista de Child Life (Vida Infantil)?

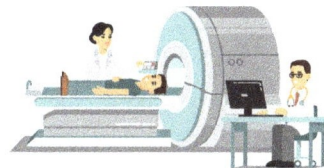

Los hospitales tienen una especialista de Child Life para contestar tus preguntas, ayudarte a encontrar formas de lidiar con el estrés o la ansiedad, o para hacerte compañía. Ellos pueden ayudarte a que tu experiencia en el hospital sea menos preocupante para ti y toda tu familia.

Puedes aprender más en **www.child-life.org**.

31

Consejos de Jackson para un MRI

Cuando me enteré de que me iban a hacer un MRI cada ciertos meses, decidí encontrar maneras de hacer mi día de MRI más fácil. Yo tenía 10 años de edad, así que quería que fuera divertido, no difícil o espantoso. Espero que esto te ayude también a ti.

Usa ropa cómoda como pants, tu playera favorita, ¡incluso pijamas! ¡A mí me encanta ponerme mis calcetines de tacos! La habitación puede estar muy fría, pero dentro de la máquina de MRI está calientito.

Lleva algo especial contigo, como un peluche pequeño o un juguete (¡Yo siempre llevo mi borreguito!) Mientras no tenga nada metálico, puedes meterlo en la máquina contigo.

¡Usa tu imaginación! Cada vez que me meten en la máquina de MRI, **me imagino que soy una dona de diferente sabor** - chocolate, frambuesa o rellena de crema. ¡A veces hasta me imagino con chispas! ¿Cuál es tu tipo de dona favorita?

Si te tienen que poner un suero intravenoso, **dile a tu doctor o al especialista de Child Life que te ayude a distraerte con un libro o un video divertido**. A veces me enfoco en un punto en la pared, o empiezo a pensar en lo que voy a hacer cuando salga de el MRI.

Cuando llega el momento de mi MRI, **me preparo imaginándome que estoy muy tranquilo y relajado dentro** de la máquina de MRI. Trato de relajarme y respirar suavemente, visualizo una experiencia positiva.

Me gusta planear algo divertido para después de mi MRI, como jugar un juego despues de llegar a casa, visitar a un amigo, o salir a comer con mi familia. ¡A mí me encanta comer chili fries después de mi MRI, pero a veces mi mamá me hace comer algo saludable!

Ponerse nervioso es súper normal. **Yo he decidido que en lugar de ponerme nervioso, voy a estar EMOCIONADO.** ¡He empezado a ver mis MRIs como una aventura!

¡Usa tu voz! Si estás nervioso, habla con tu familia, tu doctor y tus amigos para sentir su apoyo. No estás solo, y vas a ser un experto en recibir un MRI muy pronto, ¡igual que yo!

Ordene copias del libro en donutthatroared.com

Contáctenos en:

CORREO ELECTRONICO

(EMAIL): donutthatroared@gmail.com

FACEBOOK: @donutthatroared

INSTAGRAM: @donutthatroared

SOBRE LOS AUTORES

Jackson escribió este libro con la ayuda de su tía
Joan Yordy Brasher, ella es escritora, editora, artista,
y vive en Nashville, Tennessee.

Mi Diario de MRI

Mi Diario de MRI

www.ingramcontent.com/pod-product-compliance
Lightning Source LLC
Chambersburg PA
CBHW060753150426
42811CB00058B/1393